AF466704

DÉPÔT LÉGAL
Nº 444
1909
8° F Pièce
4325

REVUE TRIMESTRIELLE

DE

DROIT CIVIL

BIBLIOTHÈQUE NATIONALE
R.F.
IMPRIMÉS

COMITÉ DE DIRECTION :

A. ESMEIN
Membre de l'Institut,
Professeur à la Faculté de droit
de l'Université de Paris;

CH. MASSIGLI
Professeur à la Faculté de droit
de l'Université de Paris;

R. SALEILLES
Professeur à la Faculté de droit
de l'Université de Paris;

ALBERT WAHL
Professeur agrégé à la Faculté de droit
de l'Université de Paris,
Doyen honoraire de la Faculté de droit
de l'Université de Lille.

EXTRAIT

DE LA
RESPONSABILITÉ CIVILE EN MATIÈRE DE GRÈVE
A PROPOS DE LA
GRÈVE DES ÉLECTRICIENS
Par Albert WAHL

ABONNEMENT ANNUEL :

France, **20** francs; Étranger, **22** francs.
Prix du N° *franco*, **6** francs.

LIBRAIRIE
DE LA SOCIÉTÉ DU RECUEIL **J.-B. SIREY** & DU JOURNAL DU PALAIS
Ancienne Maison L. LAROSE & FORCEL
L. LAROSE & L. TENIN, Directeurs
22, rue Soufflot, PARIS, 5e Arrd.

DE LA

RESPONSABILITÉ CIVILE EN MATIÈRE DE GRÈVE

A PROPOS DE LA GRÈVE DES ÉLECTRICIENS

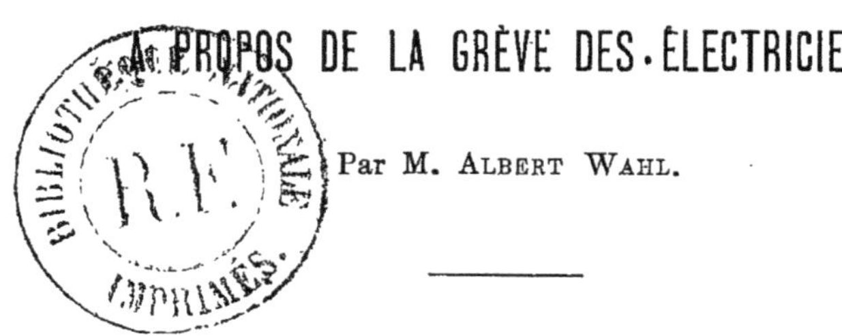

Par M. Albert Wahl.

---

1. — Le jugement rendu le 9 septembre 1908 par le juge de paix suppléant du dixième arrondissement de Paris, dans l'affaire de la grève des électriciens, a eu l'honneur d'être discuté dans la presse quotidienne non pas — on en sera sans doute convaincu lorsqu'on aura lu les observations qui vont suivre — à cause de sa valeur propre, mais en raison des circonstances dans lesquelles cette grève était intervenue. S'il faut en croire les indications fournies par les journaux, la grève, qui priva d'électricité pendant deux heures une grande partie de la ville de Paris, avait éclaté sur l'ordre du délégué ou secrétaire du syndicat des électriciens, lequel voulait donner par là un avertissement aux compagnies d'électricité ou leur montrer la cohésion des intérêts professionnels. Il est remarquable que la décision du juge de paix ne nous renseigne sur aucun des points de fait qu'il importerait de connaître. Le rédacteur du jugement ne paraît pas se douter que les questions de droit se rattachant à la responsabilité civile en matière de grève sont extrêmement délicates, qu'elles sont peu élucidées, qu'elles comportent des distinctions et des restrictions. Il n'est pas inutile de les étudier.

Nous examinerons donc la légitimité du droit de grève

8° F Pièce

en lui-même et les personnes qui ont le droit de la déclarer; la légitimité des mesures prises accessoirement à la grève; les cas où, en dehors de l'abus du droit, la grève peut entraîner une responsabilité civile; la responsabilité inhérente à la grève déclarée par abus du droit; les personnes à qui incombe la responsabilité civile; et les personnes vis-à-vis desquelles elle est encourue.

I

2. — Depuis que la loi du 21 mars 1884, sur les syndicats professionnels, a abrogé l'article 416 du Code pénal, qui considérait comme des délits les atteintes portées au libre exercice de l'industrie et du travail par les ouvriers, patrons et entrepreneurs d'ouvrages, à l'aide d'amendes, défenses, prescriptions, interdictions prononcées par suite d'un plan concerté, il est constant que la provocation à la grève est légitime en droit civil comme en droit pénal, c'est-à-dire ne constitue pas, à la charge des ouvriers grévistes, une faute engageant leur responsabilité civile(1). Sans doute la loi pénale et la loi civile n'ont pas nécessairement le même domaine : bien des faits constituent des délits civils, sans être réprimés par la loi pénale; toute faute de l'homme est un délit civil qui l'oblige à des dommages-intérêts, même si elle n'est pas de celles que réprime la loi pénale. C'est là un point qui ne fait aucun doute. Mais la grève, abstraction faite de l'article 416 du Code pénal, n'a jamais été une faute. Elle n'est que l'exercice de la liberté individuelle, qui permet à chacun de ne pas travailler, comme elle lui permet de travailler, et qui donne aux hommes le droit de discuter ensemble leurs intérêts et de se grouper pour accroître la puissance de leurs

(1) V. notamment, sur le principe, Toulouse, 20 juill. 1896 et Trib. de Toulouse, 9 mars 1896, sous Cass. req., 29 juin 1897, S. 98. 1. 17. — Nîmes, 2 févr. 1898 (1er arrêt, motifs), S. 98. 2. 126. — Planiol, *Tr. élém. de dr. civ.*, 3e éd., t. II, n. 872.

On peut également citer les arrêts qui déclarent licites les menaces de grève, à raison de l'abrogation de l'article 416 du Code pénal. Cass. civ., 9 juin 1896, S. 97. 1. 25 et notre note.

efforts. Si la grève était cependant, jusqu'à l'abrogation de l'article 416 du Code pénal, un délit civil, c'est parce que cette disposition, en punissant la provocation à la grève, la faisait par là-même rentrer parmi les actes illicites; tout acte réprimé par la loi pénale est illicite et par conséquent constitue en droit civil une faute qui, si elle est accompagnée d'un préjudice, donne naissance à une action en dommages-intérêts; mais l'abrogation de la disposition qui réprime ce fait au point de vue pénal ne lui laisse le caractère de délit civil que s'il était un délit civil indépendamment de la disposition de la loi pénale, c'est-à-dire s'il ne constituait pas l'exercice d'un droit.

3. — Du moment que la grève est légitime en elle-même, elle n'engage pas non plus la responsabilité des meneurs, c'est-à-dire des personnes qui, faisant ou non partie de l'ensemble des ouvriers grévistes, ont provoqué ou entretenu la grève (1). Nous faisons abstraction du cas, que nous retrouverons plus loin, où les meneurs ont commis un abus du droit, c'est-à-dire ont agi dans le seul but de nuire aux chefs d'entreprise. En dehors de cette hypothèse, les meneurs n'ont commis aucune faute; ils se sont simplement associés à un acte licite; ils ont fait connaître aux ouvriers leurs droits, ils leur ont conseillé d'en user, leur ont fait valoir les avantages qu'ils pourraient retirer de la grève, ont même exercé sur eux peut-être une pression morale pour les déterminer. Dans tout cela il ne peut y avoir de faute : les conseils que l'on donne à une personne ne peuvent guère, s'ils sont suivis, ne pas causer un préjudice à une autre personne; il ne saurait être question cependant d'accorder à celle-ci une action en dommages-intérêts contre l'auteur des conseils, qui a usé d'un droit légitime en prêtant à autrui les secours de son expérience ou de sa raison et qui, dès lors que l'acte con-

(1) Cass. req., 29 juin 1897 (motifs), S. 98. 1. 17. — Trib. de Toulouse, 19 mars 1896, précité. — V. également le rapport Letellier et les conclusions Duval, sous Cass. req., 29 juin 1897, précité, et surtout la note de M. Esmein sous le même arrêt. — *Contrà*, Lyon, 2 août 1895, S. 98. 2. 6; — Toulouse, 20 juill. 1896, précité.

seillé n'est pas illicite, ne fait rien qui soit contraire à l'ordre public.

On a objecté que la loi, tout en admettant la légitimité du droit de grève, n'a pas formellement reconnu aux tiers, comme conséquence, le droit d'y jouer un rôle. Était-il nécessaire que la loi leur accordât expressément ce droit? Pour qu'on pût faire juridiquement tourner contre les tiers le silence du législateur, il faudrait démontrer que le droit commun considère comme une faute le fait de provoquer à un acte licite. Or comment pourrait-il en être ainsi? C'est pour tout homme un droit que de donner à autrui son appui dans l'exercice d'un autre droit. Chacun peut légitimement user de ses forces, de son autorité, de ses connaissances, non pas seulement dans le but égoïste d'augmenter ses propres jouissances, mais encore dans le but de développer celles d'autrui. C'est cette idée si élémentaire et si indiscutable que nie l'opinion contraire.

4. — On est confondu de lire dans un arrêt les phrases suivantes : « Nul n'a le droit de s'immiscer dans les affaires d'autrui, à moins d'y avoir soi-même un intérêt réel, appréciable, qui est alors le générateur d'un droit destiné à sauvegarder ce même intérêt. Sans un intérêt propre et personnel à protéger ou à faire valoir, l'immixtion dans les affaires d'autrui ne constitue ni l'exercice d'un droit ni même l'exercice d'une simple faculté » (1). On dirait que les juges qui s'expriment ainsi ignorent que la loi elle-même, en organisant la gestion d'affaires, a proclamé licite et a même encouragé l'immixtion dans les affaires d'autrui, que la gestion d'affaires ne suppose aucun intérêt personnel chez le gérant, et que, même, si une personne s'immisce dans les affaires d'autrui pour obéir à un intérêt propre et personnel, le recours qui lui appartient contre la personne dans les affaires de laquelle elle s'est immiscée est plus discuté et moins complet que celui du gérant d'affaires. C'est donc le renversement de toutes les idées courantes que cette théorie qui subordonne à un intérêt

(1) Toulouse, 20 juill. 1896, précité.

égoïste le droit de s'immiscer dans les affaires d'autrui.

Au surplus, un autre point est évident; c'est qu'à supposer que l'immixtion dans les affaires d'un tiers soit interdite, c'est dans l'intérêt de ce tiers, et à raison du préjudice que l'immixtion serait susceptible de lui causer. Par conséquent l'immixtion n'est pas répréhensible si elle a lieu avec le consentement de la personne dans les affaires de laquelle on s'immisce; le mandat en offre un exemple. Ce n'est donc pas sur ce terrain de l'immixtion dans les affaires d'autrui qu'on peut se placer pour décider que les meneurs de la grève encourent une responsabilité vis-à-vis du patron; les affaires dans lesquelles ils se sont immiscés sont celles des ouvriers, et ces derniers, à supposer qu'ils ne les aient pas appelés, les ont tout au moins suivis, ce qui prouve qu'ils ont consenti à l'immixtion.

Au reste, le rapporteur de la loi du 25 mai 1864, qui a supprimé le délit de coalition, s'est exprimé formellement en ce sens : « Un ouvrier, ou même un individu quelconque, pense que tel corps de métier, auquel il appartient ou auquel il n'appartient pas, doit poser certaines conditions au patron, et, en cas de refus, se mettre en grève. En conséquence, il s'adresse à plusieurs membres de ce corps de métier, il les persuade. Les ouvriers qui se sont mis en grève sont à l'abri de toute poursuite, puisque la coalition ne constitue plus un délit. *Celui qui les a entraînés ne peut pas davantage être inquiété : il a usé d'un droit* ».

5. — De la légitimité du droit de grève, il résulte que les ouvriers qui ont déclaré ou accepté la grève n'encourent aucune responsabilité vis-à-vis des chefs d'entreprise dont les ateliers ou les usines sont abandonnés.

Peut-être y a-t-il lieu de faire exception pour le cas où les personnes qui conseillent la grève à laquelle elles ne participeront pas sont les employés du chef d'entreprise chez lequel la grève éclate (1). On peut estimer que les

(1) Tel était le cas dans l'espèce tranchée par l'arrêt précité de Lyon du

employés sont tenus de ne faire aucun acte qui nuise à la prospérité de l'industrie dans laquelle ils sont occupés. S'ils n'ont le droit d'après la jurisprudence ni de dévoiler les secrets de la fabrication, ni de s'engager dans une entreprise concurrente, c'est parce qu'ils sont censés s'être obligés à ne porter aucun préjudice à leur patron. Les circonstances peuvent donc permettre de juger que les employés fomentant une grève entre les ouvriers ont méconnu leurs obligations. Du reste, les intérêts des employés et ceux des ouvriers sont en général tellement distincts que les premiers, provoquant une grève des seconds, auront presque toujours agi dans le seul but de nuire au patron, et que par conséquent leur responsabilité se justifie par la théorie de l'abus du droit. En tout cas, ce que nous disons des employés ne s'applique pas aux ouvriers provoquant une grève parmi les ouvriers d'une autre catégorie : les ouvriers ne doivent au patron que leur travail manuel ; ils sont libres de leurs actes et de leur conduite. En outre ils auront en général un profit au moins indirect à tirer de la grève d'autres ouvriers.

6. — Étant légitime par elle-même, la grève l'est autant si elle est provoquée par un syndicat professionnel que si elle l'est par les ouvriers spontanément (1). Le syndicat a pour objet « la défense des intérêts économiques, commerciaux, industriels et agricoles » (L. 21 mars 1884, art. 3), en un mot des intérêts professionnels. Ce qui justifie la grève, c'est précisément et uniquement qu'elle est, pour les ouvriers, un moyen d'obtenir la satisfaction de leurs intérêts professionnels. Décider une grève rentre donc dans les attributions normales du syndicat.

7. — Le syndicat peut même imposer la grève aux ouvriers qui ne sont pas parmi ses membres (2). Il est incon-

2 août 1895. Mais l'arrêt ne s'appuie pas sur cette circonstance ; à vrai dire, il n'invoque aucun motif.

(1) Limoges, 10 juin 1902, S. 1903. 2. 233, D. 1905. 1. 153. — Amiens, 7 juill. 1905, S. 1906. 2. 66. — Trib. féd. suisse, 14 oct. 1899, S. 1900. 4. 22. — Planiol, note sous Cass., 25 janv. 1905, D. 1905. 1. 153. — V. cep. C. just. civ. Genève, 3 juin 1899, S. 1900. 4. 16.

(2) V. cep. Paris, 5 févr. 1901, S. 1902. 2. 277. — Trib. de Soissons, 23

testable, en effet, qu'un syndicat professionnel, en raison des termes absolus de la loi de 1884, a charge de défendre les intérêts professionnels et non pas seulement les intérêts de ses adhérents. Le texte primitif de l'article 3 invitait les syndicats à s'occuper « des intérêts généraux de leurs professions ou métiers », ce qui ne permettait pas le doute. Si ces mots ont disparu, c'est à la suite de cette observation très juste, qui fut faite à la tribune : « ou bien ils ne signifient rien, ou bien ils signifient qu'on pourra s'occuper d'autre chose que des intérêts énumérés, c'est-à-dire des intérêts professionnels, économiques, commerciaux ou industriels. Effacez-les... Par là vous maintiendrez aux intérêts en discussion devant les syndicats, le caractère exclusif de la profession, de l'industrie ou du commerce dont ils ne doivent pas s'écarter et vous ne permettrez pas qu'ils échappent à cette énumération pour entrer dans la politique, ce qu'ils ne manqueront pas de faire, si nous conservons les mots : intérêts généraux ». Et en consentant à la suppression, on a fait observer qu' « indépendamment des questions d'un intérêt spécial à un groupe corporatif », les syndicats peuvent s'occuper de questions « intéressant à la fois tous les syndicats et chacun d'eux en particulier ». Enfin le rapporteur du Sénat a donné de l'expression « intérêts économiques, industriels et agricoles » le synonyme suivant : « tout ce qui peut intéresser une profession industrielle et commerciale ».

Au surplus, c'est bien dans l'intérêt de ses membres

août 1904, sous Amiens, 7 juill. 1905, S. 1906. 2. 66. — V. aussi Cass. req. 25 janv. 1905, S. 1906. 1. 209, D. 1905. 1. 153, qui, pour écarter la responsabilité d'un syndicat à raison de l'apposition d'affiches mettant un patron en interdit, dit que ces affiches « n'avaient exercé aucune influence sur les ouvriers non syndiqués, auxquels, d'ailleurs, elles ne s'adressaient pas ». On pourrait être tenté d'interpréter ce considérant comme impliquant que le syndicat ne peut agir sur des ouvriers non syndiqués sans que par là-même soit justifiée l'action en responsabilité des patrons lésés contre lui.

Mais on peut citer en notre sens, par analogie, les décisions d'après lesquelles un syndicat qui s'est, par ses statuts, réservé le droit d'exclure ceux de ses membres qui porteraient atteinte aux intérêts du syndicat, peut exclure les ouvriers refusant de participer à une grève votée par le syndicat. — Aix, 23 nov. 1904, S. 1905. 2. 121 et la note de M. Planiol.

qu'agit le syndicat qui impose la grève aux ouvriers non syndiqués. Il entend, en généralisant la grève, soit donner plus de force aux revendications de ses adhérents, soit punir les chefs d'entreprise qui n'ont pas écouté ces revendications. Dans les deux cas le syndicat a en vue l'intérêt de ses membres : s'il veut faire accepter plus facilement par les patrons ses propositions, par exemple si, réclamant une augmentation de salaires, il entend empêcher d'autres ouvriers d'accepter les salaires qui lui paraissent insuffisants, il cherche dans cette mesure un moyen d'obliger indirectement les patrons à augmenter les salaires des syndiqués; si, désespérant d'obtenir les satisfactions qu'il avait demandées, il veut entraver les industries, c'est encore dans l'intérêt des ouvriers syndiqués, et pour faire ressortir, dans l'éventualité d'autres conflits éventuels, les inconvénients qu'il y a pour les chefs d'entreprise à ne pas faire droit aux revendications des ouvriers.

On a objecté qu'en étendant son action à des ouvriers non syndiqués, le syndicat viole l'article 7 de la loi du 21 mars 1884, qui lui défend de mettre obstacle à la retraite de ses membres. Il n'en est rien. Sans doute l'article 7 ne doit pas, d'après la jurisprudence, être considéré comme envisageant exclusivement les mesures destinées à entraver la retraite d'ouvriers déjà engagés dans le lien syndical. Le syndicat ne peut pas davantage causer un préjudice, par exemple en les mettant à l'index, aux ouvriers qui refusent d'adhérer à ses statuts ou qui déjà ont donné leur démission; on a pu voir là un moyen indirect de contraindre l'ouvrier à entrer ou rentrer dans le syndicat et à y rester, c'est-à-dire de l'empêcher de se retirer dans la suite (1). Mais le syndicat qui impose la grève à des ouvriers non syndiqués ne leur défend ni directement ni indirectement de rester en dehors du syndicat; il leur laisse toute leur liberté à cet égard.

8. — Alors même qu'on estimerait que le syndicat a outrepassé ses droits en imposant la grève aux ouvriers

(1) V. *infrà*, n. 9.

syndiqués, on peut soutenir qu'il n'encourrait aucune responsabilité : sans doute il a méconnu ses attributions et en conséquence a encouru les sanctions édictées par la loi de 1884 contre les syndicats qui ne se sont pas tenus dans les limites des fonctions qui leur sont assignées. Mais il n'a commis aucune faute ni envers les chefs d'entreprise, ni envers les ouvriers non syndiqués; le défaut de capacité n'est pas une faute. Du moment, ajoutera-t-on, que la grève est légitime, le droit de la provoquer appartient à tout le monde. De même qu'il ne saurait être question d'admettre la responsabilité des meneurs qui ne feraient pas partie de la profession, de même le syndicat peut imposer la grève, sans encourir aucune responsabilité, aux ouvriers non syndiqués. Dans ce système, il échapperait encore à toute responsabilité s'il fomentait une grève dans une industrie autre que celle à laquelle appartiennent ses membres, par exemple si, représentant les intérêts d'ouvriers métallurgistes, il invitait à la grève, pour nuire aux chefs de cette industrie, les ouvriers employés dans des charbonnages.

Il paraît cependant préférable de décider que si le syndicat n'agit pas dans la limite des intérêts professionnels qui lui sont confiés, il doit des dommages-intérêts (1). Il n'est pas question ici pour le syndicat de capacité, mais de droit; car la difficulté n'est pas de savoir si le syndicat professionnel, en vertu de sa personnalité morale, peut accomplir un acte juridique déterminé; elle est de savoir si le syndicat peut accomplir des actes, juridiques ou non, dans un intérêt autre que celui de la profession. Il ne le peut pas; donc il dépasse son droit en intervenant dans la grève où les intérêts professionnels ne sont pas en jeu; agissant sans droit, il commet une faute; et, par suite, il doit réparation de la faute envers ceux qui en souffrent.

9. — Une autre restriction doit être apportée aux droits des syndicats. Ils ne peuvent déclarer la grève pour obliger un patron à renvoyer les ouvriers qui ne font pas partie

(1) V. Cass. civ., 22 juin 1892, S. 93. 1. 41 — Lyon, 2 mars 1894, S. 94. 2. 306, et notre note sous Cass. civ., 9 juin 1896, S. 97. 1. 25.

du syndicat(1). Ils le pourraient sans aucun doute en vertu des principes généraux; car nous verrons que la provocation à la grève est légitime par cela seul que le provocateur y a un intérêt quelconque. Mais, suivant l'article 7 de la loi du 21 mars 1884, les membres d'un syndicat peuvent se retirer à tout moment de l'association. Cette disposition, par son esprit et la généralité de ses termes, s'oppose à tout moyen de contrainte exercé sur des ouvriers, directement ou indirectement, pour les obliger à faire partie du syndicat. Or la grève déclarée contre les patrons qui emploient les ouvriers non syndiqués a pour effet de fermer à ces derniers les portes des ateliers et de les contraindre, pour échapper à cette mise à l'index, d'entrer dans le syndicat et d'y demeurer.

II

10. — La légitimité de la grève entraîne même la légitimité des mesures accessoires par lesquelles les ouvriers grévistes fortifient les moyens d'action que leur donne la grève en elle-même. Si la grève a cessé d'être un délit, c'est parce que le législateur a voulu donner aux ouvriers la possibilité de se concerter et d'adopter un plan commun pour faire triompher leurs revendications; les mesures accessoires qu'ils prennent rentrent dans ce plan commun. Au surplus, l'article 416 punissait tous les moyens coercitifs destinés à porter atteinte à la liberté du travail par des amendes, des défenses ou des prescriptions. L'abrogation de l'article 416 a donc rendu légitime, en même temps que la grève, tous les procédés qui tendent au même résultat.

Ainsi les ouvriers ne peuvent être tenus de dommages-intérêts vis-à-vis des patrons qu'ils mettent à l'index pour

(1) Comp. Cass. civ., 22 juin 1892, S. 93. 1. 41. — Chambéry, 14 mars 1893, S. 93. 2. 139. — Lyon, 2 mars 1894, S. 94. 2. 306. — Lyon, 15 mars 1895, S. 96. 2. 30 — Planiol, *Tr. élém.*, *loc. cit.* — Comp. en sens contraire Grenoble, 3 août 1890, sous Cass., 22 juin 1892, précité et la note de M. Jay. — Toutes ces décisions sont relatives à des cas de pression exercés par les syndicats sur les patrons, en les menaçant de grève, pour les obliger à renvoyer ou à ne pas embaucher les ouvriers non syndiqués.

n'avoir pas accepté les propositions dont l'échec les a déterminés à se mettre en grève (1).

11. — Par cela même, ils peuvent, sans encourir aucune responsabilité vis-à-vis des chefs d'entreprise, non seulement inviter les ouvriers à cesser leur travail, mais imposer certaines déchéances à ceux qui ne le cesseraient pas, par exemple les faire rayer du syndicat auquel ils appartienneut (2). Ce n'est là encore qu'une mesure accessoire, destinée à sanctionner la décision principale. Au surplus, la mise à l'index, par définition même, est l'invitation adressée aux ouvriers de quitter leur travail, sous une sanction au moins morale, à savoir la rupture du lien de solidarité entre les travailleurs et la fin des rapports existant entre les ouvriers grévistes et les ouvriers qui continueront à travailler. Si la sanction morale est légitime, la sanction matérielle ne l'est pas moins.

Nous aurons même à nous demander si les violences exercées sur les ouvriers pour les empêcher de travailler, lesquelles entraînent vis-à-vis de ceux-ci une responsabilité, l'entraînent également vis-à-vis du patron.

12. — A plus forte raison est-il légitime de chercher à exercer une influence sur chaque ouvrier individuellement pour le déterminer à participer à la grève ; il n'y a là autre chose qu'un moyen de donner toute son ampleur à la grève et de la rendre générale et efficace. Ces procédés ne tendent donc qu'à provoquer ou à étendre la grève elle-même.

On en reconnaît sans difficulté la légitimité lorsque la persuasion seule est employée vis-à-vis des ouvriers (3). Mais on prétend qu'il en est autrement lorsqu'on leur remet des sommes d'argent pour les déterminer à abandonner leur travail (4). C'est parce que, dans cette seconde

(1) Limoges, 10 juin 1902, S. 1903. 2. 233, D. 1905. 1. 153.

(2) Trib. de Limoges, 29 nov. 1901, sous Limoges, 10 juin 1902, précité.

(3) Toulouse, 20 juill. 1896, précité. — Cependant, dans la suite de ses considérants, cet arrêt paraît se contredire.

(4) Même arrêt. — V. aussi le rapport Letellier et les conclusions Duval, sous Cass. req., 29 juin 1897, S. 98. 1. 17.

hypothèse il s'est produit « un acte matériel et non plus intellectuel ». Nous ne voyons pas la signification de cet argument. Sans doute lorsque l'acte matériel consiste dans une violence, des dommages-intérêts, comme nous le dirons plus loin, sont dûs au patron; mais ils sont dûs également lorsque l'acte « intellectuel » a consisté dans des menaces ou des manœuvres frauduleuses. La question de savoir si ceux qui entreprennent d'amener la cessation du travail se servent uniquement de la parole ou exécutent des mouvements physiques est donc indifférente ; ce qu'il importe de savoir, c'est s'ils ont usé de moyens légitimes. Tant qu'ils laissent aux ouvriers la liberté de continuer leur travail, qu'ils n'exercent sur eux ni contrainte matérielle ni menace, ils ne font que continuer à provoquer la grève, et, en offrant de verser une somme aux ouvriers, ils ne diminuent pas leur liberté. Du reste, ils ne font ainsi que fournir aux ouvriers une partie des ressources qui leur seront nécessaires pour vivre pendant la grève ; or il est incontestable que les subventions données aux ouvriers grévistes en vue de compenser la perte des ressources que leur procurait le travail n'ont rien d'illégitime.

On a encore objecté que des subventions données au patron constituent vis-à-vis du patron des manœuvres frauduleuses au sens de l'article 414 du Code pénal (1). Il nous semble qu'on détourne ainsi de sa signification juridique l'expression de « manœuvres frauduleuses ». Les manœuvres frauduleuses, en droit pénal comme en droit civil, c'est le dol, placé par l'article 414 du Code pénal, comme par l'article 1116 du Code civil, à côté de la violence. Le dol consiste dans des manœuvres pratiquées sur une personne pour la tromper sur le sens ou les effets d'un acte qu'on veut la déterminer à faire ; or il est clair qu'on ne trompe ni le patron ni les ouvriers en attirant ces derniers dans la grève par l'appât d'une somme d'argent.

On a invoqué en sens contraire un passage du rapport

(1) V. sur cet article, *infrà*, n. 15 et suiv.

de la loi de 1864, dans lequel il est dit : « un chef d'industrie voulant ruiner son concurrent, ou des agitateurs politiques désireux de jeter dans la rue, à un moment donné, une quantité considérable de peuple, soudoient des ouvriers afin qu'ils fassent cesser simultanément le travail dans un ou plusieurs ateliers ; ces divers actes constituent des manœuvres frauduleuses ». Sans rechercher si effectivement il y a dans la dernière de ces deux hypothèses des manœuvres frauduleuses, nous ferons simplement remarquer que cette seconde hypothèse imaginée par le rapport diffère en deux points de celle qui nous occupe. D'abord le rapporteur suppose que les manœuvres ont pour but non pas de provoquer ou d'étendre une grève, mais de faire naître un mouvement révolutionnaire ; ce n'est pas la grève que, dans cette hypothèse, recherchent les meneurs ; la cessation du travail n'est pour eux qu'un moyen d'organiser une agitation. Ensuite le rapporteur parle de subventions données non pas aux ouvriers qui se mettent en grève, mais à ceux qui servent d'intermédiaires aux meneurs pour persuader les ouvriers de quitter leur travail.

Quant à l'hypothèse où un industriel détermine les ouvriers d'un concurrent à se mettre en grève, pour nuire à l'industrie de ce dernier, il n'est pas besoin, pour justifier, dans ce cas, la responsabilité civile, de supposer que des subventions ont été données à des intermédiaires. L'industriel qui, dans l'intérêt de sa propre entreprise, ruine celle de son concurrent, n'use de la grève que comme d'un moyen de porter atteinte à la liberté du commerce ou de l'industrie. C'est à ce titre qu'il est passible de dommages-intérêts.

Au surplus, comme nous le montrerons plus loin, la responsabilité civile de ceux qui commettent un acte prohibé par l'article 414 du Code pénal, n'est engagée que vis-à-vis des personnes sur lesquelles s'exercent les manœuvres frauduleuses ou la violence. Il ne suffit donc pas, pour justifier l'action en responsabilité du patron dont les ouvriers ont été débauchés à prix d'argent, de soutenir, ni même de démontrer que ce procédé constitue une manœuvre interdite par l'article 414 du Code pénal.

13. — Les ouvriers, les syndicats ou les tiers peuvent également, par des insertions dans les journaux, par des affiches, ou de toute autre manière, mettre les travailleurs ou le public au courant de la grève et les informer des raisons pour lesquelles la grève a éclaté : ils ne font ainsi que rappeler des faits exacts, et il ne saurait y avoir une faute à divulguer les événements qui se sont produits et les motifs qui ont inspiré ces événements (1).

14. — Ils peuvent encore fournir, accepter ou solliciter des souscriptions pour permettre aux ouvriers soit de vivre ou de faire vivre leur famille pendant la grève, soit de prolonger la durée de la grève (2).

Le rapport de la loi de 1864 porte à cet égard : « Une coalition a lieu ; les coalisés se cotisent entre eux; les ou-

(1) Cass. req., 25 janv. 1905, S. 1906. 1. 209, D. 1905. 1. 153. — Limoges, 10 juin 1902, précité. — Nimes, 30 janv. 1907, D. 1908. 2. 17. — Trib. de Toulouse, 19 mars 1896, précité. — Trib. fédéral suisse, 14 oct. 1899, S. 1900. 4. 22. — *Contrà*, Trib. de Douai, 7 mai 1902, S. 1903. 2. 233, D. 1903. 2. 329. — Trib. d'Avignon, 26 janv. 1905, sous Nimes, 30 janv. 1907, précité. — C. just. civ. de Genève, 3 juin 1899, S. 1900. 4. 16.

Le tribunal de Douai, outre des considérations tirées du caractère illicite de l'affichage en lui-même, a invoqué un argument spécial aux syndicats. Il a dit que, les syndicats n'ayant pour mission, suivant la loi du 21 mars 1884, que de veiller aux intérêts professionnels de leurs membres, il ne saurait leur être permis, dès lors, de blâmer, réprimander et censurer par voie d'affiche certains patrons, désignés par leurs noms à la malignité ou aux commentaires plus ou moins désobligeants du public ». Ce raisonnement contient une erreur évidente. D'une part, par cela même que les syndicats ont pour rôle de protéger les intérêts corporatifs de leurs membres, ils ne sortent pas de leurs attributions en effectuant une publicité qui a pour but d'informer les ouvriers des inconvénients qu'il y aurait pour eux à s'engager dans une entreprise déterminée et de déterminer les patrons, en mettant le public au courant de leurs agissements, à accepter les propositions dont le refus avait déterminé la grève. D'autre part, tous dommages-intérêts supposent une faute; or il ne saurait y avoir faute à user de la presse ou de l'affichage pour publier un fait exact; le droit de publier un acte ou une pensée sous une forme quelconque rentre dans l'ensemble des libertés publiques.

(2) V. en ce sens, pour les souscriptions provoquées par des tiers, Trib. de Toulouse, 19 mars 1896, sous Cass., 29 juin 1897, S. 98. 1. 17, et pour les souscriptions fournies par des tiers, le rapport Letellier et les conclusions Duval sous Cass, req., 29 juin 1897, précité.

vriers d'un autre état, des étrangers même, dans une pensée de commisération, ou parce qu'ils sont convaincus du bon droit de ceux qui font grève, fournissent des sommes d'argent à la coalition; cette assistance ne constitue pas une manœuvre frauduleuse; l'institution des caisses de chômage n'a pas davantage ce caractère ».

III

15. — Les ouvriers en grève font naître un dommage direct et encourent une responsabilité en portant atteinte à la liberté du travail d'autrui, notamment en empêchant d'autres ouvriers de continuer à fréquenter l'atelier ou l'usine auxquels ils appartiennent. L'abrogation de l'article 416 du Code pénal ne peut être invoquée contre leur responsabilité; car ce n'est pas l'article 416 qui prévoyait le délit. Il est visé par l'article 414, d'après lequel les violences, voies de fait ou menaces destinées à amener ou maintenir une cessation concertée du travail dans le but de porter atteinte à la liberté de l'industrie ou du travail constituent un délit. Cette disposition est restée en vigueur (1). Les ouvriers commettent donc un acte illicite en empêchant le travail d'autres ouvriers. Par cela même que l'acte est illicite, il donne lieu à des dommages-intérêts.

La responsabilité des ouvriers grévistes est donc engagée vis-à-vis des ouvriers qu'ils menacent de violences dans le cas où ils reprendraient le travail (2), ou qu'ils empêchent matériellement de reprendre le travail (3).

16. — Le seul point délicat, dans cette hypothèse, est celui de savoir si les ouvriers grévistes sont responsables de l'atteinte qu'ils ont apportée à la liberté du travail et de

(1) Cass. req. 29 juin 1897, S. 98. 1. 17. — Paris, 5 févr. 1901, S. 1902. 2. 277. — Grenoble, 18 juill. 1901, S. 1903. 2. 30. — Trib. corr. de Lille, 15 juill. 1904, *Droit* du 13 août 1904. — Planiol, *loc. cit.*

(2) Caen, 29 juin 1897, S. 98. 2. 307.

(3) Comp. Trib. correct. de Montluçon, 30 mai 1906, *Gaz. des Trib. du Midi*, 16 déc. 1906.

l'industrie, dans le cas même où les ouvriers qu'ils ont empêchés de travailler faisaient partie du syndicat professionnel qui a ordonné la grève. Dans ce cas même il semble que les dommages-intérêts sont dûs : l'article 414 du Code pénal ne fait aucune distinction; c'est d'une manière absolue qu'il punit les violences qui ont amené ou maintenu la cessation du travail; ce qui est un délit ne saurait être licite au point de vue civil. Du reste les ouvriers qui ont voulu, malgré la grève déclarée, continuer leur travail, n'ont, de leur côté, méconnu aucune interdiction légale. Les syndicats professionnels n'ont aucun ordre à donner à leurs adhérents; ils peuvent exclure de leur personnel les ouvriers indisciplinés; mais ils ne constituent pas une autorité reconnue par la loi pour imposer une obligation quelconque à leurs membres.

Alors même que les violences auraient été dirigées contre des ouvriers qui auraient formellement adhéré à la grève, la responsabilité reste la même. Ces ouvriers ont, il est vrai, violé une convention à laquelle ils avaient librement participé; cette convention était licite, puisque le droit de grève est reconnu par la loi et que par suite il n'est pas défendu de pactiser sur la grève; nous ne faisons pas de doute que les ouvriers qui ont méconnu cet accord ne puissent être condamnés à des dommages-intérêts, soit vis-à-vis du syndicat professionnel qui a ordonné la grève, soit vis-à-vis des ouvriers qui ont observé les conditions de contrat : toute violation d'une convention licite entraîne une responsabilité civile lorsque de cette violation résulte un préjudice. Le préjudice est généralement certain soit pour le syndicat professionnel, soit pour les ouvriers grévistes : le syndicat professionnel, dont l'autorité se trouve diminuée par l'insuccès partiel de la grève, subit un dommage moral; les ouvriers grévistes qui, par suite de la persistance du travail de ceux de leurs camarades qui avaient promis de s'associer à eux, n'obtiennent pas satisfaction dans leurs revendications, subissent un dommage matériel. Mais la violation du contrat ne légitime pas les voies de fait auxquelles ils se sont livrés; il est inutile, en effet, de rappeler qu'il n'appartient pas aux particuliers de tirer une vengeance matérielle du préjudice qui leur est causé, qu'en dehors de rares exceptions la violation d'un contrat n'est pas même réprimée par la loi pénale, et que la seule sanction à laquelle puissent prétendre les victimes de cette violation est une indemnité pécuniaire.

Donc, dans ce cas même, les ouvriers dont le travail est entravé ont de leur côté droit à des dommages-intérêts et ces dommages-intérêts sont aussi étendus que s'ils n'avaient pris aucun engagement. Seulement, ceux qu'ils doivent eux-mêmes pourront entrer en compensation avec ceux qui leur sont dûs.

17. — A plus forte raison le fait que les ouvriers dont le travail a été entravé avaient violé un engagement, ne met-il pas obstacle au droit qui appartient au patron de réclamer des dommages-intérêts. Il n'a pas participé à la convention, dont on ne peut, par suite, lui reprocher la violation.

18. — De même, si les menaces et les violences se sont exercées sur les chefs d'entreprise, pour les obliger à fermer leurs usines, ou si les dégâts matériels causés par les ouvriers grévistes dans ces usines ont entraîné la suspension des opérations industrielles, l'article 414 est applicable au point de vue pénal, et par conséquent la responsabilité civile des ouvriers grévistes est engagée (1). L'article 414, en effet, ne distingue pas. Il vise en termes généraux les menaces et violences qui ont pour but d'amener une cessation concertée du travail. Ces menaces et violences s'adressent en général aux ouvriers; mais c'est aussi amener la cessation concertée du travail que d'enlever au patron la possibilité de continuer son exploitation industrielle.

19. — Des dommages-intérêts peuvent encore être réclamés aux tiers qui, intervenant dans la grève, usent de me-

(1) Cass., 5 avr. 1867 (motifs), S. 67. 1. 228. — Trib. de Limoges, 29 nov. 1901 (motifs), sous Limoges, 10 juin 1902, S. 1903. 2. 233, D. 1905. 1. 153. — Voy. cependant la note de M. Esmein, sous Cass., 29 juin 1897, précité.

naces ou de violences pour faire cesser le travail [1]. L'article 414 du Code pénal ne vise pas particulièrement l'hypothèse où les violences et menaces émanent des ouvriers grévistes; toute personne qui accomplit l'un des faits prévus par cet article est punissable et, par conséquent aussi, est civilement responsable.

20. — La responsabilité est encourue de même lorsque les grévistes ont, dans le cours de la grève, causé un dommage à des personnes et à des propriétés. La grève est même ici étrangère à la responsabilité : cette responsabilité dérive non de la grève elle-même, mais de l'acte délictueux qui a été commis, et qui aurait eu la même sanction s'il avait été commis en dehors de toute grève. Par exemple les grévistes attaquent une voiture appartenant au chef d'entreprise et lacèrent ou détruisent les marchandises qu'elle contient [2]. Ou bien les meneurs de la grève ou les membres du comité du syndicat pénètrent chez le patron contre sa volonté [3].

21. — Une responsabilité civile incombe, par là-même, aux personnes qui, dans le cours de la grève, par exemple dans des affiches, ont dirigé contre les chefs d'entreprise des injures ou des imputations calomnieuses ou mensongères. Il y a là un dol, constituant en soi un délit civil, et qui ne saurait devenir légitime par cela seul qu'il est intervenu au cours d'une grève légitime en elle-même [4]. Si donc l'affichage de la grève et de ses causes est légitime, il en est autrement, et des dommages-intérêts seront dus, dans le cas où les affiches apposées contiendront des énonciations fausses et susceptibles de nuire aux chefs d'entreprise [5].

(1) Cass. req., 29 juin 1897, précité et la note de M. Esmein. — Bourges, 19 juin 1894, S. 95. 2. 197.

(2) V. au point de vue pénal (crime de pillage), Cass. crim., 18 mars 1905, S. 1907. 1. 246.

(3) Bourges, 19 juin 1894, S. 95. 2. 197.

(4) Toulouse, 20 juill. 1896, précité. — Amiens, 7 juill. 1905, S. 1906. 2. 66. — Nîmes, 30 janv. 1907, précité. — Trib. de Toulouse, 19 mars 1896, précité. — Trib. de Limoges, 29 nov. 1901, précité. — V. aussi le rapport Letellier et les conclusions Duval sous Cass. req., 29 juin 1897, précité.

(5) Trib. féd. suisse, 14 oct. 1899, précité.

22. — La publicité donnée par des tiers aux injures ou aux calomnies est également une faute qui entraîne leur responsabilité : on a donc à juste titre condamné à des dommages-intérêts envers un chef d'entreprise, les journaux qui reproduisaient des souscriptions anonymes faites en faveur des grévistes et dont le libellé contenait des injures (1).

23. — On doit encore reconnaître la responsabilité des fomenteurs de la grève, lorsque la grève a été provoquée par leurs allégations mensongères sur l'attitude ou les agissements des chefs d'entreprise (2) : le mensonge est un fait dolosif; il constitue donc une faute; cette faute est étrangère et antérieure à la grève, qu'elle a causée et qui, sans elle, n'aurait pas éclaté. Ce n'est donc pas méconnaître la légitimité de la grève que d'admettre la responsabilité des auteurs du fait dolosif vis-à-vis de ceux qui en ont souffert.

IV

24. — Indépendamment de toute violence ou de tout fait délictueux commis au cours de la grève, la grève elle-même justifie une action en dommages-intérêts si ceux qui l'ont provoquée ou ordonnée ont commis un abus du droit (3). Dans l'état actuel de la jurisprudence et de la doctrine, cette restriction n'a pas besoin d'être justifiée : il y a faute à user de son droit dans le seul but de nuire à autrui et sans aucun profit pour soi-même, parce que le droit de tout homme est contenu par le droit des autres hommes. Nous avons montré plus haut que si l'organisation de la grève ou la provocation à la grève ne saurait, en principe, donner lieu à une action en dommages-intérêts, c'est parce que la grève est l'exercice du droit qui

(1) Cass. req. 29 juin 1897, précité. — Toulouse, 20 juill. 1896, précité.

(2) Toulouse, 20 juill. 1896, précité. — Trib. de Limoges, 29 nov. 1901 (sol. impl.), sous Limoges, 10 juin 1902, S. 1903. 2. 233, D. 1905. 1. 153.

(3) Cass. civ., 9 juin 1896, S. 97. 1. 25 et notre note (il s'agissait de menaces de grève). — Cass. req., 25 janv. 1905 (sol. impl.), S. 1906. 1. 209, D. 1905. 1. 153. — Comp. Trib. féd. suisse, 14 oct. 1899, S. 1900. 4. 22. — Planiol, *loc. cit.*

appartient à chacun de parler, d'agir et de penser librement. Le droit de grève n'est donc pas protégé plus fortement que les autres droits ; il a été simplement assimilé, par l'abrogation de l'article 416 du Code pénal, aux autres droits, et, comme l'exercice d'un droit quelconque, la grève donne lieu à des dommages-intérêts quand elle est provoquée dans le but exclusif de nuire à autrui.

On s'est appuyé à tort, en sens contraire, sur un passage d'un discours prononcé, dans la discussion de la loi du 21 mars 1884 au Sénat, par M. Marcel Barthe. Cet orateur, à la vérité, soutenait qu'après l'abrogation de l'article 416 il faudrait admettre que « les actes dommageables mentionnés par l'article 416 ne pourront pas donner lieu à une action civile en indemnité ». Mais il n'entendait dire par là que ce que nous avons dit nous-même, à savoir que la provocation à la grève est désormais l'exercice d'un droit. Il se fondait, en effet, sur l'argument suivant : « Sans doute l'article 1382 du Code civil dispose que tout fait quelconque de l'homme qui occasionne un préjudice oblige celui par la faute duquel il est arrivé à le réparer ; mais vous savez que ce qui a été fait en vertu d'un droit ne peut donner lieu à une action en réparation civile ».

25. — Mais, suivant la jurisprudence, pour qu'un acte licite en lui-même soit considéré comme fait abusivement, et donne lieu à des dommages-intérêts, il faut que cet acte soit imputable uniquement à la malveillance et qu'aucun intérêt personnel ne soit à sa base. C'est ce que la Cour de cassation a proclamé dans de nombreuses hypothèses, et ce qu'elle a reproduit en matière de responsabilité pour fait de grève. Elle a dit que des menaces de grève, qui sont légitimes « quand elles ont pour objet la défense d'intérêts professionnels », peuvent « constituer une faute, obligeant ceux qui l'ont commise à la réparer » quand elles sont « inspirées par un esprit de malveillance » (1).

Si l'auteur de l'acte trouve un avantage quelconque à accomplir cet acte, il ne saurait commettre un abus du

(1) Cass. civ., 9 juin 1896, S. 97. 1. 25.

droit, puisqu'il ne peut y avoir faute à soigner ses propres intérêts. Peu importerait que cet avantage fût sensiblement inférieur au préjudice subi par la victime. Ce sont là des idées élémentaires, et sur lesquelles il est inutile d'insister. Ainsi les auteurs de la grève ne peuvent être tenus de dommages-intérêts s'ils ont été préoccupés de leurs avantages. De même un syndicat professionnel qui fomente une grève n'encourt aucune responsabilité civile s'il agit dans l'intérêt soit des syndiqués soit de la profession qu'il représente, malgré le peu d'importance de cet intérêt et l'énormité du préjudice causé aux chefs d'entreprise.

A cet égard la cause de la grève est indifférente. On doit mettre sur le même plan la grève organisée pour obliger les patrons à exécuter des conventions librement passées, et la grève destinée à contraindre les patrons à améliorer les conditions du travail, par exemple à augmenter les salaires (1).

25 *bis*. — Cela étant, on ne peut guère imaginer d'hypothèses pratiques où la grève ait été organisée dans le seul but de nuire au patron, sans que les ouvriers aient cru avoir un intérêt à abandonner leur travail. Et jusqu'au jugement du 9 sept. 1908, la jurisprudence n'avait pas été tentée d'accueillir, en se fondant sur l'abus du droit, une action en responsabilité civile contre les auteurs ou les provocateurs d'une grève. Sans doute, si la grève est organisée par un employé ou un ouvrier qui a pour seul objectif de tirer vengeance de son patron, à raison, par exemple, de son renvoi de l'usine, cet ouvrier sera tenu à des dommages-intérêts (2). Mais cette hypothèse ne paraît guère s'être encore présentée (3), et cela n'est pas étonnant : car il faut, pour qu'elle se réalise, non seulement une rare énergie chez l'ouvrier qui provoque la grève,

(1) Limoges, 10 juin 1901, S. 1903. 2. 233, D. 1905. 1. 153. — Trib. de Lyon, 22 janv. 1892, sous Lyon, 2 mars 1894, S. 94. 2. 306.

(2) V. Trib. féd. suisse, 14 oct. 1899, précité (sol. implic.).

(3) V. cep. Lyon, 2 août 1895, précité.

mais encore une extraordinaire naïveté chez les ouvriers qui obéissent à ses suggestions. On peut, il est vrai, supposer que les ouvriers aient, en fait, alors un intérêt véritable à se laisser persuader, qu'il y ait pour eux une sérieuse utilité à se mettre en grève, et que néanmoins l'organisateur n'ait pas eu en vue cet intérêt et n'ait eu pour seule pensée que de nuire au patron. Il devrait au patron des dommages-intérêts, puisqu'il n'aurait été inspiré que par le désir de nuire. On conviendra cependant que le cas n'est pas de nature à pouvoir se présenter souvent. L'abus du droit est nécessairement aussi rare en cette matière qu'elle l'est dans l'application de l'article 1780 du Code civil. On sait que suivant cette dernière disposition, interprétée par la jurisprudence, le contractant qui rompt un contrat de louage de services à durée indéterminée n'est passible de dommages-intérêts, que s'il a commis un abus du droit, c'est-à-dire a agi dans le but exclusif de nuire à son cocontractant. Or, il est à peu près sans exemple que les tribunaux aient reconnu fondée l'action en dommages-intérêts dirigée par un ouvrier contre son patron pour rupture illégitime du contrat; et il est clair, en effet, que si le patron rompt le contrat, c'est qu'il y a ou croit y avoir un intérêt.

26. — Il y a abus du droit cependant à exiger et obtenir le renvoi d'un ouvrier ou d'un contremaître par simple malveillance vis-à-vis de lui (1). Dans ce cas les personnes qui ont obtenu le renvoi doivent des dommages-intérêts aux personnes renvoyées.

26 *bis*. — Il y a même abus du droit si la grève a pour

(1) Cass. civ., 9 juin 1896, S. 97. 1. 25. — Nîmes, 2 févr. 1898 (1er arrêt), S. 98. 2. 126. Mais cet arrêt est mal rendu en fait, suivant nous. Car pour établir que le seul mobile des agissements des ouvriers était la malveillance à l'égard du contremaître qu'ils avaient fait renvoyer, la Cour de Nîmes passe en revue les griefs qu'ils formulaient à l'égard du contremaître et démontre que ces griefs n'étaient pas fondés en fait. Cela ne suffit pas, comme nous le démontrerons (n. 27), pour qu'il y ait abus du droit. La Cour aurait dû s'attacher à établir (c'était peut-être le fond de sa pensée) que les griefs invoqués étaient fictifs, et déguisaient le désir de nuire, qui seul avait motivé la demande de renvoi.

but une vengance illégitime, c'est-à-dire si les ouvriers se mettent en grève pour punir le patron d'avoir accompli un acte régulier et légitime. Les ouvriers ne peuvent, pour justifier la grève, prétendre qu'ils ont voulu empêcher le patron de renouveler l'acte qu'il a accompli une première fois et qu'ils lui reprochent; car il est illicite d'empêcher un tiers d'exercer ses droits, et le désir de l'en empêcher ne peut, par suite, servir à justifier la grève. Du reste, cette considération déguise la volonté de nuire au patron, c'est-à-dire la malveillance qui a présidé à la grève (1).

27. — Mais à l'abus du droit on ne peut assimiler l'hypothèse où les ouvriers grévistes ou le syndicat ont été mauvais juges de leurs intérêts, et où, par conséquent, la grève n'avait pour eux aucune utilité (2). L'abus du droit suppose le caprice et l'arbitraire; la jurisprudence l'a toujours défini comme le fait d'user d'un droit dans le seul but de nuire à autrui et sans avoir aucun intérêt personnel : c'est là ce qui constitue la faute. Si la grève est déclarée par une fausse conception des intérêts des ou-

(1) On peut rapprocher de ce développement un arrêt de la cour de Nîmes (2 févr. 1898, 2e espèce, S. 98. 2. 126), qui condamne à des dommages-intérêts envers un contremaître, qu'ils avaient fait renvoyer sous menace de grève, les ouvriers d'une usine : les ouvriers avaient voulu uniquement se venger de ce que le contremaître avait actionné en dommages-intérêts, pour une faute qu'il prétendait avoir été commise vis-à-vis de lui, les ouvriers d'une autre usine. Les ouvriers qui avaient imposé au patron le renvoi du contremaître, n'avaient contre ce dernier, comme le constate la cour, « aucun grief légitime ». Ils avaient commis « l'abus le plus révoltant et la violation la plus évidente du principe fondamental de la liberté du travail, puisqu'il est de toute évidence qu'ils n'ont imposé le renvoi d'H... que par pur caprice malicieux, dans le but unique de nuire à ce dernier et sans profit d'aucune sorte pour eux-mêmes ». De même, dans son arrêt précité du 9 juin 1896, la Cour de cassation casse un arrêt pour avoir repoussé une action en dommages-intérêts, intentée par un chef d'équipe renvoyé, contre l'ouvrier qui l'avait fait congédier, « sans rechercher s'il n'avait poursuivi, comme il le prétendait, qu'un intérêt professionnel, ou bien au contraire, comme le soutenait le demandeur, s'il avait obéi à un sentiment de malveillance injustifiée ». La cour d'appel s'était contentée de dire que le défendeur avait usé d'un droit, sans se demander s'il n'en avait pas abusé.

(2) V. en ce sens Trib. fédéral suisse, 14 oct. 1899, précité.

vriers, il n'y a pas faute, mais erreur; les chefs de la grève n'ont pas agi pour nuire à autrui; le préjudice a été l'effet et non pas l'objet de la grève.

28. — Il faut même repousser toute responsabilité, si la cause de la grève est manifestement injuste (1), notamment si les ouvriers se sont mis en grève pour obtenir des avantages qu'ils savaient ne pas mériter et qu'ils étaient certains de ne pas obtenir. Les ouvriers, par exemple, réclamaient une augmentation de salaire tellement exagérée qu'ils ne pouvaient ignorer que le patron n'aurait pu la leur accorder sans courir à la ruine. Ici encore il n'y a pas abus du droit, parce que les ouvriers n'ont pas agi dans un but de malveillance; ils ont simplement mal compris leurs intérêts.

28 *bis*. — Enfin il n'y a pas en principe abus du droit à se mettre en grève pour obliger le patron à renvoyer un ouvrier ou un contremaître dont les autres ouvriers croient avoir à se plaindre. Si le patron, refusant le renvoi, voit ses ateliers désertés, il n'a pas droit à des dommages-intérêts; car les ouvriers ont agi dans leur intérêt, bien ou mal entendu : ils ont estimé soit que l'ouvrier dont ils demandaient le renvoi leur nuisait en se contentant d'un salaire inférieur, soit que le contremaître leur portait préjudice par un excès de sévérité (2).

De même, si le patron, cédant à la menace de grève ou désireux de mettre fin à la grève, a consenti aux renvois qui lui étaient demandés, le contremaître ou l'ouvrier renvoyés n'ont pas d'action en dommages-intérêts contre les fauteurs de la grève, dès lors que ces derniers n'ont pas agi par pure malveillance.

29. — Il n'y a même pas abus du droit si la grève a pour objet soit d'obliger le patron à embaucher des ouvriers déterminés, soit de le punir de ne pas les avoir embauchés (3). La grève n'est pas, en pareil cas, organisée exclusivement, ni même partiellement, dans un but de

(1) V. en ce sens Toulouse, 20 juill. 1896 et Trib. de Toulouse, 19 mars 1896, sous Cass., 29 juin 1897, S. 98. 1. 17.

(2) V. *infrà*, n. 30.

(3) V. Trib. féd. Suisse, 14 oct. 1899, précité.

malveillance; ceux qui l'ont fomentée ont voulu se solidariser avec des camarades que le patron refuse ou a refusé d'embaucher. Ils ont pu entendre mal cette solidarité; ils ont cependant agi dans l'intérêt de leurs camarades, et non pas dans l'intention de nuire au patron.

Il en est encore de même si, certains ouvriers ayant été renvoyés, d'autres ouvriers se mettent en grève pour se solidariser avec eux et contraindre le patron à les reprendre (1).

30. — L'abus du droit ne se produit pas non plus, bien entendu, par cela seul que les provocateurs de la grève n'ont pas agi dans un intérêt professionnel. Peu importe l'intérêt qui les a guidés, pourvu que cet intérêt existe, ou qu'ils le croient existant. Les syndicats professionnels, comme nous l'avons montré, sont soumis à des dommages-intérêts, s'ils provoquent une grève dans un but autre que la satisfaction des intérêts professionnels; mais cela tient à ce que les syndicats, institués pour la défense des intérêts professionnels, commettent une faute, au sens de l'article 1382 du Code civil, en s'écartant de ces intérêts : la loi du 21 mars 1884 limite, en ce qui les concerne, la portée de l'abrogation de l'article 416 du Code pénal (2). Mais cette abrogation est absolue pour les particuliers; aucun texte ne restreint leur droit de propagande en matière de grève; et c'est pourquoi ils ne sont tenus de dommages-intérêts que s'ils ont commis un abus du droit; or, par cela même que l'abus du droit suppose une pure intention malveillante, il n'est pas nécessaire, pour que les promoteurs de la grève échappent à la responsabilité, qu'ils aient agi dans un intérêt professionnel; il suffit qu'ils aient obéi à un intérêt quelconque. Si l'on exigeait que les meneurs eussent obéi à un intérêt professionnel, on établirait entre les grèves et

(1) Dans l'affaire Jaurès et Rességuier (Cass. req., 29 juin 1897, S. 98. 1. 17 et la note de M. Esmein), la grève avait éclaté à cause du renvoi de certains ouvriers pour s'être absentés sans autorisation. Le patron n'actionna pas en responsabilité civile les propagateurs de la grève; il se contenta de fermer ses ateliers.

(2) V. *suprà*, n. 8.

les autres droits une distinction absurde. Pour qu'un droit puisse être légitimement exercé, il suffit que le titulaire du droit, dans son exercice, n'agisse pas par caprice et dans l'unique intention de nuire; il suffit, en d'autres termes, que l'auteur du fait dommageable ait eu un intérêt à agir. Pourquoi en serait-il autrement des meneurs d'une grève? C'est revenir sur le principe adopté par les lois de 1864 et de 1884, et sortir à nouveau la grève du droit commun, que de subordonner la légitimité de son exercice à l'existence d'un intérêt professionnel chez ceux qui la provoquent.

Ainsi les ouvriers qui se sont mis en grève pour obtenir le renvoi, soit d'autres ouvriers qui, se contentant de salaires modestes, avaient amené ou risquaient d'amener l'avilissement général des salaires de la profession, soit d'un contremaître avec lequel les rapports étaient difficiles, ne commettent pas un abus du droit (1).

31. — Cependant un arrêt du 9 juin 1896, rendu par la chambre civile de la Cour de cassation (2), et qui reconnaît la légitimité de la condamnation à dommages-intérêts d'un ouvrier qui, sous menaces de grève, avait fait renvoyer un chef d'équipe, contient le considérant suivant : « Attendu que, depuis l'abrogation de l'article 416 du Code pénal, les menaces de grève adressées, sans violences ni manœuvres frauduleuses, *par des ouvriers à leur patron*, à la suite d'un plan concerté, sont licites, *quand elles ont pour objet la défense d'intérêts professionnels* ». Ce considérant paraît avoir été emprunté par inadvertance à l'arrêt rendu par la même chambre le 22 juin 1892 (3), qui porte : « Attendu que, depuis l'abrogation de l'article 416 du Code pénal, les menaces de grève adressées, sans violences ni manœuvres frauduleuses, *par un syndicat à un patron*, à la suite d'un concert entre ses membres, sont licites quand elles ont pour objet la défense des intérêts professionnels. » Le rédacteur de l'arrêt du 9 juin 1896

(1) V. *suprà*, n. 28 *bis*.
(2) S. 97. 1. 25.
(3) S. 93. 1. 41.

n'a pas remarqué que la condition de l'intérêt professionnel avait sa raison d'être dans l'arrêt du **21** juin **1892**, les syndicats ne pouvant agir que dans cet intérêt [1], mais que l'intérêt professionnel n'a rien à faire quand le syndicat n'est pas en jeu. Du reste la pensée de l'arrêt de **1896** se manifeste dans le second considérant, où il est dit : « Attendu, néanmoins, qu'elles (les menaces de grève) peuvent encore constituer une faute obligeant ceux qui l'ont commise à la réparer, quand, *inspirées par un pur esprit de malveillance*, elles ont eu pour effet d'imposer au patron un renvoi ».

Le considérant emprunté par l'arrêt de **1896** à celui de **1892**, considérant dont la portée est détruite par la suite de l'arrêt de **1896**, et qui, s'il était pris à la lettre, mettrait la Cour de cassation en contradiction avec elle-même, et constituerait une nouvelle formule de la théorie de l'abus du droit, a été reproduit par le jugement du **9** sept. **1908** : la grève, suivant le juge de paix, engendre un délit civil « toutes les fois qu'elle a été ordonnée avec une intention malveillante et alors qu'elle n'avait pas uniquement en vue la défense d'intérêts corporatifs ou professionnels ». Le rédacteur du jugement n'a eu la pensée ni de lire dans son ensemble l'arrêt de **1896**, ni de se demander comment se justifierait une théorie aussi restrictive du droit de grève.

32. — Il n'a pas songé non plus à scruter la notion, pourtant si simple, de l'abus du droit. Et il est arrivé à donner de l'abus du droit une définition qu'il est intéressant de reproduire : « Quiconque use d'un droit dans le seul but de nuire à autrui commet un acte illicite, qui constitue un abus du droit, non pas à raison de l'intention qui l'inspire, mais par lui-même, parce qu'il constitue objectivement un fait anormal excessif, contraire à la destination économique et sociale du droit objectif, exercice réprouvé par la conscience publique et dépassant par conséquent le contenu du droit, puisque tout droit, au point de vue social, est relatif, et qu'il n'y a pas de droit absolu,

(1) V. *suprà*, n. 8.

pas même à la propriété ; et d'ailleurs il suffit qu'un acte ne soit plus compris dans la sphère du droit, abstraction faite de ses motifs, pour qu'il constitue un abus du droit et qu'alors l'on puisse le discuter et le condamner ».

C'est évidemment une nouveauté que cette définition. Son originalité ne suffirait pas à la faire condamner. La théorie de l'abus du droit ayant été édifiée par la jurisprudence, on concevrait qu'elle fût discutée, non seulement dans les motifs qui l'inspirent (à cet égard les controverses n'ont pas manqué), mais encore dans sa signification. Il ne serait pas déraisonnable, par exemple, de soutenir qu'il y a abus du droit, non seulement quand l'auteur du fait dommageable a agi sans aucun intérêt sérieux et dans le seul but de nuire, mais encore lorsque le préjudice causé est très important et l'intérêt très faible ; on laisserait ainsi au juge le soin de décider, suivant les circonstances, si l'exercice régulier d'un droit ne doit pas, à cause de l'énormité des dommages, donner lieu à des dommages-intérêts. Mais ce qui est inadmissible, c'est de dire à la fois qu'un acte est illégitime quand il est fait « dans le seul but de nuire à autrui » et qu'il est alors illégitime, non pas à raison de l'intention qui l'inspire, mais par lui-même. Il est difficile d'imaginer une contradiction aussi palpable. Dire que l'abus du droit se caractérise *par le seul but de nuire à autrui*, c'est dire, comme le fait la jurisprudence, qu'il se caractérise uniquement *par l'intention de nuire;* la seconde expression n'est pas une interprétation de la première; elle n'est qu'une formule exprimant, en termes presque identiques, une idée exactement semblable. Par conséquent l'acte ne doit pas être envisagé en lui-même.

Et lorsque le juge de paix, voulant énoncer d'une manière plus approfondie, sinon plus claire, sa théorie de l'*abus objectif du droit*, ajoute qu'un droit ne peut être exercé contrairement à sa destination économique et sociale, il fait allusion à un autre principe, qui n'a rien à faire ici. Ce principe est qu'on ne peut, en usant d'un droit, porter atteinte au droit d'autrui, tous les droits étant également respectables. C'est là ce que signifient les limitations imposées par la jurisprudence à l'exercice du droit de propriété. Le droit de propriété ne peut être exercé de manière à entraver l'exercice du droit de propriété d'autrui, et c'est pour cela qu'un propriétaire ne peut, dans son immeuble, sans être passible de dommages-intérêts, exercer une industrie immorale ou insalubre, qui met obstacle à la libre jouissance des immeubles voisins. Ce n'est pas ici l'intention malveillante qui est punie, elle n'existe pas; ce qui est réprimé, c'est l'entrave apportée à un droit légitime. La jurisprudence, en donnant ces solutions, n'a donc pas eu à se préoccuper des motifs qui inspirent l'auteur du fait dommageable; ces motifs peuvent se rattacher et se rattachent généralement à un intérêt qu'on pourrait presque qualifier de *professionnel;* le propriétaire cherche à exploiter son immeuble dans les conditions les plus avantageuses, comme les ouvriers ou les syndicats qui, en vue d'une augmentation de salaire ou à plus forte raison dans le but d'obliger le patron à exécuter les conventions intervenues, déclarent la grève. Le propriétaire serait même soumis aux dommages-intérêts s'il n'avait en vue que l'utilité publique, et si, par exemple, il ouvrait, au milieu d'une agglomération, un asile où il recueillerait les personnes atteintes de maladies contagieuses. On sait que la jurisprudence est absolue sur ce point, et elle ne saurait admettre de distinction, puisque, dans toutes ces hypothèses, le droit d'autrui est atteint et lésé.

Ceci suffit à montrer que, si l'on se place sur le terrain de la violation du droit d'autrui, les provocateurs de la grève doivent être, vis-à-vis du patron dont ils font déserter les ateliers, dans une situation identique, qu'ils se laissent guider par un intérêt professionnel ou par un intérêt de toute autre nature. S'ils portent atteinte au droit du patron, ils y portent atteinte aussi bien dans le premier cas que dans le second; l'intention qui les inspire est indifférente; ce qui importe, ce sont les répercussions de la grève qu'ils ont fomentée.

33. — Donc, par cela même que la jurisprudence ne voit pas, dans la grève organisée en vertu d'un intérêt professionnel, un fait portant atteinte au droit du patron, la grève organisée dans un intérêt différent n'y porte pas atteinte davantage; et le système contraire aboutit logiquement à déclarer illégitime en toute hypothèse la provocation à la grève.

Quel est, d'ailleurs, celui des droits du patron que la grève, par elle-même, est de nature à léser? Le patron conserve la faculté d'exercer librement son industrie; ses ateliers ne sont pas fermés. Si les grévistes par des violences ou des menaces l'obligeaient à suspendre l'exercice de son industrie, soit en détruisant ses machines, soit en empêchant l'accès de son usine, soit de toute autre manière, ils lui devraient, comme nous l'avons vu, des dommages-intérêts. Mais lorsqu'ils se bornent à décréter la grève, ils ne lui interdisent pas de recruter un personnel nouveau, d'user même de son influence sur les ouvriers qui ont abandonné le travail, en un mot de continuer son industrie. En tout cas, nous le répétons, si l'on est d'avis contraire, il faut aller courageusement jusqu'au bout, et dire que la grève est par elle-même, et en toute hypothèse, illégitime.

34. — Dans l'espèce sur laquelle a statué le juge de paix suppléant du dixième arrondissement, il a vu l'abus du droit dans cette triple circonstance : 1° que la législation actuelle conteste le droit de grève « aux services publics, tels que les chemins de fer, les postes, le gaz et les eaux » ; 2° que la grève ne répondait dans l'espèce « à aucun besoin corporatif ou professionnel » et « n'avait en vue qu'un essai de mobilisation, une sorte d'alerte des forces prolétariennes » ; 3° que la grève partait d' « une intention malveillante, puisqu'elle bouleversait la vie économique d'une grande cité et privait les travailleurs de leur droit au travail et au salaire ».

Ce sont là trois motifs sur lesquels il y a beaucoup à dire.

35. — Nous ne nous occuperons pas du premier. La question de savoir si la grève, regardée par la loi et par la

jurisprudence comme légitime en principe, est illégitime quand la suspension de travail se produit dans les services publics, sort des cadres de cet article. Nous devons nous borner à quelques remarques.

D'abord il est assez singulier de voir confondus les agents des postes, qui sont des fonctionnaires, avec les employés de l'électricité, du gaz ou des chemins de fer, qui sont les employés d'une société privée. On conçoit qu'il puisse y avoir d'excellents motifs pour déclarer la grève illégitime parmi les fonctionnaires, qu'il puisse y en avoir d'excellents aussi pour l'estimer illégitime dans les services monopolisés par des compagnies privées, et que cependant ces motifs ne soient pas les mêmes dans les deux hypothèses, que la grève ait beaucoup plus d'inconvénients au point de vue économique et soulève de plus fortes objections au point de vue juridique dans la première que dans la seconde. Dans tous les cas il est complètement inexact que l'opinion générale reconnaisse l'illégitimité de la grève dans les services publics monopolisés par les compagnies privées. En droit aucun texte n'autorise cette restriction, c'est seulement au point de vue législatif qu'elle a été proposée.

On conçoit aussi que la grève dans les services publics, exploités soit par l'État soit par une compagnie dotée d'un monopole, ait, à supposer qu'elle soit contraire à la loi, des sanctions purement disciplinaires et ne donne pas lieu à une responsabilité civile des meneurs vis-à-vis des personnes lésées par la grève. Une grève dans les services publics ne peut être interdite que dans l'intérêt de l'État ou de la puissance publique, en ce qu'elle désorganise ces services. Elle ne porte pas plus préjudice aux particuliers, ni même aux sociétés qui exploitent le monopole, qu'une grève éclatant dans toute autre industrie; et c'est ce que nous montrerons dans un instant. En tout cas, du moment que la grève n'est pas fomentée dans une intention malveillante, ce n'est pas dans la théorie de l'abus du droit qu'il est permis de trouver le fondement d'une action en dommages-intérêts au profit des personnes lésées. On pourra soutenir qu'il y a faute à violer une loi, — à supposer que cette loi existe —; on ne pourra pas dire qu'il y ait abus du droit.

36. — Quant au second argument, il est des plus délicats. Le juge de paix constate — sans d'ailleurs l'établir, mais cela paraît bien résulter des renseignements fournis par la presse, renseignements que, n'ayant pas le moyen de les contrôler, nous supposons exacts — que la grève n'avait pas été ordonnée dans un intérêt professionnel. Ceci ne suffit pas pour justifier l'action en dommages-intérêts, nous l'avons démontré, et nous n'y revenons pas. Mais le juge de paix ajoute que la grève avait constitué, dans la pensée des provocateurs, un essai de mobilisation des forces prolétariennes. L'action en dommages-intérêts est-elle par là même légitime? Il semble que des distinctions devraient être faites. Si la grève doit effrayer la population, si elle constitue une menace de révolution, si elle annonce ou prépare une tentative de désorganisation de la société, ou même simplement la proclamation d'une mainmise future ou éventuelle des ouvriers sur les usines ou les ateliers, le désir de nuire, c'est-à-dire l'abus du droit, paraît évident : les provocateurs de la grève n'ont pas d'autre but que d'acheminer les esprits des grévistes et de tous les citoyens vers un bouleversement social, et de préjudicier à ceux qui vivent dans cette société et qui profitent de l'organisation sociale. Le caractère illicite de la grève peut encore se justifier autrement : son but même est illicite, puisqu'elle a pour objet de supprimer des institutions existantes, organisées par des lois d'ordre public, ou de préparer cette suppression. Elle porte atteinte au droit qu'ont les patrons de continuer leur exploitation, puisqu'elle constitue, dans l'esprit de ceux qui l'ont fomentée, l'expropriation des chefs d'entreprise; au droit qu'ont les ouvriers de travailler librement, puisqu'elle prépare un bouleversement dans les conditions de l'exploitation; au droit qu'a l'État de protéger les industries, puisqu'elle ouvre la voie à une organisation nouvelle, échappant au contrôle de l'État, des industries.

Mais si cette mise en éveil des « forces prolétariennes » n'a pas d'autre objet que de provoquer chez les ouvriers un développement du sentiment de solidarité, de leur montrer la puissance du groupement syndical ou de la grève, de les amener à user de leurs forces coalisées pour accroître leur puissance vis-à-vis des patrons et pour formuler avec plus de vigueur ou d'efficacité leurs revendications, cette grève a le but même de toutes les grèves. Si la grève, en elle-même, a été déclarée légitime, c'est que la loi y a vu un moyen pacifique de résoudre les conflits entre le capital et le travail. Ce n'est donc pas faire abus du droit, c'est même rester dans l'esprit du droit de grève, que de provoquer la cessation concertée du travail pour développer l'utilité de ce moyen pacifique.

Tout est donc ici une affaire d'espèce, et non pas une question de principe.

37. — Pour parler enfin du troisième argument, c'est de tous le moins acceptable.

Il contient en lui-même une contradiction : si le juge de paix ne confond plus, ici, l'*intention* avec le fait, il la confond avec le *résultat*. Rien n'est plus singulier que de s'appuyer, pour démontrer l'intention malveillante, sur le résultat préjudiciable de l'acte. Sans doute la grève des électriciens a privé les travailleurs de leurs moyens d'existence ; et si l'on peut reprocher au rédacteur du jugement d'affirmer qu'elle les a privés de leur *droit au travail* (car ils restent libres de gagner leur vie, et même, désobéissant aux ordres donnés, de la gagner dans l'entreprise ou ils étaient jusqu'alors employés), il est du moins évident que les ouvriers qui, pour suivre l'impulsion des meneurs, se mettent en grève perdent leurs salaires. Mais dans quelle grève en est-il autrement? La grève entraînant nécessairement la cessation du travail, il est presque naïf de baser sur ce résultat l'illégitimité de la grève. Et cela est, en outre et pour le même motif, dangereux : car pourquoi distinguera-t-on alors entre les diverses circonstances dans lesquelles une grève éclate?

En tout cas, puisque c'est de responsabilité civile qu'il

s'agit, on ne comprend pas comment le préjudice causé aux ouvriers peut être invoqué pour justifier une action en dommages-intérêts au profit de personnes qui ne se trouvent pas comprises parmi ces ouvriers. Car l'action, comme nous le dirons plus loin, n'était pas intentée par des ouvriers.

Quant à cette idée que la grève des électriciens a « bouleversé la vie économique d'une grande cité », elle n'implique pas non plus, quoi qu'en dise le juge de paix, l'intention malveillante ; elle confond, elle aussi, l'intention avec le résultat. Le bouleversement est évident ; mais, du moment qu'il n'est pas démontré — ni même allégué — que les fauteurs de la grève avaient agi en vue de le provoquer, il ne justifie pas l'action en dommages-intérêts.

Du reste, il est clair qu'une grève, même ordonnée en vue de la satisfaction des intérêts professionnels des ouvriers, est souvent de nature à amener un bouleversement de ce genre. Le bouleversement peut se produire si la grève éclate dans les services monopolisés ; mais il peut également se produire si elle éclate dans d'autres industries : il est déjà arrivé qu'une grève survenue dans la boulangerie, et due à un désaccord professionnel entre les ouvriers et les patrons, a privé de pain des villes entières, non pas pendant deux heures, mais pendant plusieurs jours. Toute grève généralisée — et les grèves se généralisent de plus en plus — a ce résultat. Il ne peut être cependant, dans l'état actuel de la législation et de la jurisprudence, question de décider que la grève est illégitime — puisqu'elle est un droit — et de condamner les organisateurs à des dommages-intérêts.

38. — Après ces divers arguments, le juge de paix conclut que « dans ces conditions il y a eu non seulement abus du droit de grève, mais également un délit civil dont les responsables doivent réparation, aux termes de l'article 1382 du Code civil ». Cette conclusion est un peu inattendue, puisque le juge de paix n'a cherché à démontrer qu'une chose, c'est que, dans l'espèce, la provocation à la grève constituait un abus du droit. Du reste, cette

opposition entre l'abus du droit et le délit civil est des plus singulières, puisque, si l'abus du droit de grève donne lieu à des dommages-intérêts, c'est précisément parce que l'abus du droit constitue un délit civil, réprimé par l'article 1382.

V

39. — Au sujet de la détermination des personnes auxquelles incombe la responsabilité des dommages causés par la grève, la Cour de cassation a donné la véritable formule en déclarant que la responsabilité pèse sur « les auteurs immédiats et directs de ce préjudice » (1). La responsabilité suppose la faute; donc, dans les cas où la grève met en jeu une responsabilité civile, cette responsabilité est encourue par toutes les personnes qui ont fomenté la grève : ce sont elles qui ont commis une faute.

Au contraire aucune responsabilité n'est encourue par les ouvriers qui ont simplement suivi l'impulsion des meneurs et qui se sont bornés à se mettre en grève, sans commettre d'ailleurs aucune violence matérielle ni morale : la responsabilité, en cette matière, suppose le désir de nuire; elle est individuelle et n'incombe qu'à ceux chez qui ce désir de nuire existe; c'est dire qu'elle ne saurait peser sur les ouvriers qui, sans être animés du même esprit, se sont mis en grève pour obéir aux ordres, aux pressions, aux suggestions dont ils ont été l'objet.

40. — Si c'est un syndicat professionnel qui a, par désir de nuire, provoqué la grève, c'est lui qui est responsable du préjudice que cause la grève (2). Mais, comme les ouvriers qui ont suivi l'impulsion d'autrui, le syndicat n'encourt aucune responsabilité par cela seul que, la grève une fois déclarée ou simplement décidée, il a pris les mesures nécessaires pour l'organiser (3) : il n'a commis aucune faute, puisque la grève en elle-même est légitime ; il n'a

(1) Cass. req., 29 juin 1897, précité.

(2) V. en ce sens Limoges, 10 juin 1902 (motifs), S. 1903. 2. 233, D. 1905. 1. 153.

(3) Limoges, 10 juin 1902, précité.

pas participé à la faute des fomenteurs de la grève, puisque cette faute est une faute initiale, consistant à vouloir nuire à autrui, et qui s'est produite avant que le syndicat n'intervînt. Le syndicat n'a pas obéi à un désir de nuire; il a simplement, dans l'intérêt corporatif, veillé à ce que la grève décidée ou déclarée suivît un cours régulier.

Le syndicat peut donc impunément inviter ses membres à participer à la grève; il peut impunément aussi prendre les mesures utiles pour que la mise à l'index ordonnée par les fomenteurs de la grève soit efficace[1].

41. — Il va sans dire cependant que si le syndicat ou les ouvriers qui ont obéi aux suggestions des fomenteurs de la grève ont usé de violences ou de menaces pour empêcher le travail d'autres ouvriers, leur responsabilité entre en jeu : ils commettent le délit prévu par l'article 414 du Code pénal[2].

42. — Mais il est également certain que si la grève fomentée par un syndicat est légitime, les faits qui dans le cours d'une grève entraînent la responsabilité des grévistes, comme les violences faites aux personnes et aux propriétés, n'engagent pas nécessairement la responsabilité du syndicat[3]. A la vérité ces faits ne se seraient pas produits si la grève n'avait pas été déclarée. Mais la grève n'est que la cause indirecte des violences; le syndicat n'en est pas l'auteur; il n'a commis aucune faute; on ne peut donc exiger de lui des dommages-intérêts qu'en démontrant qu'il a conseillé et fomenté les troubles qui se sont produits.

Il n'en est pas autrement si les violences se sont produites à la suite d'une grève déclarée abusivement par le syndicat. Il n'est responsable que du dommage causé par la grève en elle-même et non pas de celui qui est le résultat des violences, s'il n'est pas l'auteur de ces violences. Les raisons de décider restent les mêmes.

(1) V. cep. Limoges, 10 juin 1902 (motifs), précité.

(2) V. en ce sens, pour les syndicats, Limoges, 10 juin 1902 (motifs), précité.

(3) Trib. de Limoges, 29 nov. 1901, précité.

43. — A plus forte raison le syndicat professionnel n'encourt aucune responsabilité lorsque l'abus du droit a été commis par certains de ses adhérents ou certains des membres de son comité, agissant à titre individuel (1).

En tout cas la faute du syndicat doit être démontrée par les demandeurs en dommages-intérêts (2).

44. — Quant au secrétaire, au président ou à tout autre membre du comité du syndicat, il encourt évidemment une responsabilité personnellement, et en son nom propre, s'il a accompli des actes dommageables. Par exemple, s'il se met à la tête des grévistes pour empêcher les ouvriers de travailler, il est évidemment responsable du dommage causé (3). Il en est responsable également si c'est lui qui, dans une intention malveillante, a fomenté la grève.

45. — A ces divers points de vue on ne sait trop comment comprendre le jugement du 9 septembre 1908. C'est aux journaux qu'il faut s'adresser pour apprendre que la grève n'a pas éclaté spontanément, ni en vertu d'une entente préalable entre les ouvriers grévistes, qu'elle n'a pas été non plus fomentée par des personnes étrangères à la profession, mais qu'elle a été déclarée par le secrétaire du syndicat des ouvriers électriciens. Le rédacteur du jugement ne le dit pas ; on croirait à lire ce jugement que, suivant le juge de paix, toute grève intervenant dans une industrie dont les ouvriers sont syndiqués, engage la responsabilité du syndicat. On ignore également si, en fait, le secrétaire du syndicat a agi en son nom personnel ou s'il n'a fait qu'appliquer, en ordonnant la grève, les décisions du syndicat. On ignore même si le syndicat et son secrétaire ont eu une initiative propre ou s'ils se sont contentés de se conformer à la volonté des ouvriers grévistes eux-mêmes, en unifiant pour ainsi dire la volonté de ces derniers et en fixant l'heure et la durée de la grève, pour donner une exécution commune et concordante à cette volonté.

(1) Comp. Nancy, 14 mai 1891 (2e arrêt), S. 93. 1. 20.
(2) Limoges, 10 juin 1902, précité.
(3) Bourges, 19 juin 1894, S. 95. 2. 197.

Il semble bien cependant que si le juge de paix ne justifie ni la responsabilité du syndicat ni celle du secrétaire du syndicat, il prend et condamne le secrétaire comme exécuteur de la volonté du syndicat, et entend que la condamnation pèse sur le syndicat lui-même ; les considérations auxquelles il se livre au sujet de l'intérêt qu'il y aurait à rendre efficaces les condamnations prononcées contre les syndicats semblent en être la preuve. Mais alors on ne s'explique pas comment une action dirigée contre le secrétaire d'un syndicat, en sa qualité de secrétaire, a pu être accueillie. Le syndicat a une personnalité morale ; c'est contre lui que les actions doivent être dirigées, et non pas contre le secrétaire, qui n'est dans son comité qu'une unité, et qui par ses fonctions n'est pas appelé à le représenter vis-à-vis des tiers.

VI

46. — La détermination des personnes qui, en cas de grève illicitement déclarée ou accompagnée d'actes accomplis sans droit, peuvent exiger des dommages-intérêts n'a pas été élucidée jusqu'à présent. Sans doute, comme nous le verrons plus loin, on voit des décisions allouer une indemnité non seulement aux personnes qui souffrent immédiatement de la grève, mais encore à des personnes qui en souffrent indirectement. Ces décisions ne peuvent être regardées cependant comme accordant des dommages-intérêts à tous ceux que lèse la grève ; car elles n'agitent pas la difficulté.

On sait que les tiers qui, lésés par une faute, ont une action en responsabilité, peuvent exiger la réparation non seulement du préjudice direct qui leur est causé, mais encore des conséquences les plus indirectes du délit, les articles 1382 et 1383 du Code civil ordonnant la réparation du dommage sans faire aucune restriction, et, par conséquent, ne comportant pas les limitations qui, en cas de violation d'un contrat, sont admises par l'article 1151. Ce dercier texte, même en cas de dol, n'exige la réparation que

« de ce qui est une suite immédiate et directe de l'inexécution de la convention » ; l'article **1382**, au contraire, dit que celui qui cause « un dommage » doit « le réparer », et l'article **1383** qu'il est « responsable du dommage ».

47. — Mais la question de savoir si ceux qui subissent un préjudice purement indirect ont droit à réparation est toute différente. Le mot *indirect* n'a pas ici le même sens que tout à l'heure. Par personnes subissant un préjudice indirect, nous entendons celles qui n'ont pas été visées par la grève ou par les agissements des grévistes, celles contre qui la grève n'a pas été dirigée, et qui cependant en souffrent. Les exemples viendront tout à l'heure.

Les articles **1382** et **1383** du Code civil semblent résoudre la question. Ils visent une faute « qui *cause* un dommage » (art. **1382**), un dommage qui a été « causé » par la négligence et par l'imprudence » (art. **1383**) ; ils supposent donc un lien immédiat se formant entre l'auteur et la victime du fait dommageable ; ils partent de l'idée que la faute a été la cause du préjudice. Si, indirectement, des personnes autres que la victime immédiate ont subi un préjudice, ce préjudice n'a pas eu pour cause le fait lui-même ; il a eu pour cause un autre fait, qui a pu être causé lui-même par le fait dommageable, mais qui en est indépendant.

L'opinion contraire aboutit à des résultats contraires à la raison. Un incendie, allumé volontairement ou par imprudence, détruit un immeuble. L'auteur de l'incendie doit des dommages-intérêts au propriétaire et aux locataires de l'immeuble, qui sont lésés directement ; il doit, vis-à-vis d'eux, réparer même les conséquences indirectes de l'incendie. Mais si toutes les personnes auxquelles l'incendie cause un préjudice ont droit à une réparation, il devra également indemniser les clients qui seront obligés de chercher ailleurs les denrées que les commerçants occupant l'immeuble leur livraient, les fournisseurs de ces commerçants, la compagnie du gaz ou de l'électricité qui donnaient aux habitants de l'immeuble la lumière, les ouvriers des fournisseurs, etc. On pourrait aller loin dans cette voie.

La jurisprudence a eu l'occasion de faire la distinction que nous proposons, à propos de la détermination des personnes qui, subissant un préjudice moral par l'effet d'un décès, ont le droit de réclamer des dommages-intérêts à l'auteur de la faute qui a amené le décès. Les parents les plus proches sont lésés directement. Les parents moins proches, les amis, les créanciers subissent également un dommage, mais ils ne le subissent pas directement : donc ils n'ont pas droit à des dommages-intérêts. C'est ce que dit très nettement un arrêt qui répond dans les termes suivants à une objection tirée, contre l'action de la mère de la victime, de ce que, s'il fallait indemniser toutes les personnes lésées par le décès, on accueillerait des demandes innombrables : « S'il est vrai que l'action de l'article **1382** du Code civil soit ouverte à quiconque, héritier ou non de la victime, a souffert des suites de l'accident arrivé à celle-ci, c'est à la condition d'établir qu'il éprouve réellement un dommage, et l'action n'est recevable de sa part, même dans ce cas, que s'il est lésé dans un droit acquis, et s'il souffre un préjudice personnel et direct ; par suite, les inconvénients signalés ne sont pas à craindre et l'action ne saurait s'étendre indéfiniment, et appartenir, par exemple, aux fournisseurs, aux serviteurs du défunt, ou à tous ceux qui profitaient d'une manière quelconque de ses libéralités, de ses prodigalités ou de sa bienfaisance [1] ». On voit écarter de même l'action des frères et sœurs mineurs du défunt, parce qu'ils ne justifient « d'aucune cause de dommage direct [2] ».

48. — Les violences ou les menaces exercées sur les ouvriers pour les empêcher de travailler n'entraînent donc de responsabilité civile que vis-à-vis de ces ouvriers. Elles n'en entraînent aucune vis-à-vis des chefs d'entreprise dont ces ouvriers, sous l'empire des menaces ou des violences, ont déserté les ateliers [3]. Si les ouvriers subis-

(1) Alger, 23 mai 1892, S. 94. 2. 62.

(2) Douai, 7 juill. 1892, S. 94. 2. 20.

(3) Comp. Trib. de Limoges, 29 nov. 1901, précité. — *Contrà*, Toulouse, 20 juill. 1896, précité. — V. aussi Bourges, 19 juill. 1894, précité.

sent un dommage direct, les chefs d'entreprise ne sont lésés qu'indirectement, non par les violences ou les menaces, qui ne se sont pas exercées sur eux, mais par l'attitude ultérieure des ouvriers violentés ou menacés. Les chefs d'entreprise rentrent donc dans les catégories de personnes que la grève lèse d'une manière seulement indirecte. Ils n'ont pas plus droit à des dommages-intérêts que les aubergistes dont l'industrie périclite par la ruine des ouvriers formant leur clientèle. Cette solution est d'accord avec le fondement même de la responsabilité civile incombant aux auteurs des menaces ou des violences. Ce fondement se trouve dans l'article 414 du Code pénal : les ouvriers lésés ont droit à des dommages-intérêts parce que les violences et les menaces ont été exercées sur eux. L'action civile est le corollaire de l'action publique. Les chefs d'entreprise ne peuvent avoir l'action civile, puisque l'action publique n'est pas créée à leur intention.

Ainsi est-ce fonder l'opinion contraire sur une pétition de principe que de dire : « Empêcher un ouvrier de se rendre au travail, c'est bien commettre un délit dont l'ouvrier est directement la victime ; mais il est d'évidence que le patron, privé de cet auxiliaire qui se serait rendu chez lui, a subi par cela même un dommage (1) ». Le préjudice subi par le patron n'est pas contestable ; mais il n'est pas suffisant pour justifier son droit aux dommages-intérêts. Puisqu'on convient que ce préjudice est indirect, il faudrait démontrer que la victime indirecte de la grève peut réclamer des dommages-intérêts, et c'est là ce qu'on oublie de faire.

Dans les travaux préparatoires de la loi du 25 juin 1864, on peut trouver la justification du système que nous défendons. Le rapporteur s'exprime ainsi : « Supposez que l'organisateur de la grève des ouvriers ou de celle des patrons n'ait réussi *qu'en trompant déloyalement et sciemment ceux qui ont eu confiance en lui*... Ceux qui se sont rendus coupables de la violence et de la fraude seront

(1) Toulouse, 20 juill. 1896, précité.

traduits devant la justice, non parce qu'ils auront provoqué une coalition, ce qui est licite, mais parce qu'ils ont, en la provoquant, commis des violences ou des fraudes ou *porté atteinte*, par des moyens répréhensibles, *à la liberté d'autrui* ».

49. — Lorsque le fait qui a causé le dommage est, comme la grève, licite en lui-même et n'entraîne la responsabilité civile de son auteur que parce qu'il implique en fait un abus du droit, la démonstration est encore beaucoup plus facile à faire. On abuse de son droit vis-à-vis d'une personne déterminée, puisque l'abus du droit se résume dans l'intention malveillante; il n'y a faute commise que vis-à-vis des personnes auxquelles on a manifesté cette intention malveillante. Le préjudice qui doit être réparé, c'est celui qui a été la conséquence de l'intention malveillante, celui dont l'intention malveillante a été la cause, suivant le langage des articles 1382 et 1383. A l'égard des tiers qui souffrent de l'acte licite en lui-même, et devenu illicite par l'intention malveillante qui l'inspire, l'auteur du fait n'a pas eu cette intention malveillante; ils ne peuvent pas prétendre qu'il a, à leur égard, abusé de son droit, puisqu'il n'a même pas usé de ce droit contre eux. Donc la grève ne leur ouvre aucune action en dommages-intérêts.

C'est en ce sens que s'est prononcée implicitement la Cour de cassation, en disant que le dommage résultant de la grève doit être réparé par ceux qui sont « les auteurs immédiats et directs de ce préjudice » (1). Du moment que la réparation ne peut être demandée qu'à l'auteur direct du préjudice, elle ne peut être demandée aux provocateurs de la grève par des personnes dont le préjudice ne résulte pas directement de la grève; les provocateurs de la grève ne peuvent être regardés comme les auteurs directs du préjudice, puisque le préjudice n'est né qu'indirectement de l'acte qu'ils ont inspiré, c'est-à-dire de la grève.

Nous admettons cependant que les dommages-intérêts

(1) Cass. req. 29 juin 1897, précité.

sont dus en cas de grève abusive non seulement aux chefs d'entreprise dont l'industrie a été entravée par la grève, non seulement aux personnes qui ont été victimes de violences, mais encore aux ouvriers qui, par suite de la grève elle-même, et sans qu'aucune manœuvre ait été exercée sur eux, se sont trouvés dans l'impossibilité de travailler, soit que leur petit nombre ait empêché le patron de laisser ses ateliers ouverts, soit que la crainte de violences ait obligé ce dernier à fermer ses locaux industriels. La grève a consisté à suspendre le travail dans certaines entreprises; cette suspension du travail a été le but et l'effet direct de la grève ; par suite, tous ceux qui participaient à l'industrie, les ouvriers comme le patron, ont été lésés directement par la grève. Tous ont été immédiatement atteints par la grève. On ne saurait objecter que la grève a été dirigée contre les chefs d'entreprise et a eu pour unique objet de leur causer un préjudice, qu'en conséquence il n'y a eu faute que vis-à-vis d'eux. En rangeant au nombre des causes génératrices de responsabilité civile, à côté de la faute volontaire, la simple négligence, l'article 1383 du Code civil montre que tous ceux qui souffrent directement du fait d'un tiers ont contre ce dernier une action en responsabilité, même si ce fait n'a pas eu pour but de leur nuire. C'est par le fait des ouvriers grévistes que les ouvriers désireux de travailler ont subi un préjudice ; ce fait a été la cause directe du préjudice, puisqu'il a consisté dans la cessation du travail; il n'en faut pas davantage pour justifier l'action en dommages-intérêts.

50. — Mais que la grève ait été inspirée par une intention malveillante vis-à-vis des patrons dont les ouvriers désertent les ateliers, ou vis-à-vis des ouvriers dont le travail se trouve entravé, les consommateurs des produits fabriqués dans ces ateliers n'ont pas, contre les auteurs de la grève, une action en responsabilité. Ils peuvent sans doute souffrir de la grève ; ils devront se procurer ailleurs les produits qui leur sont nécessaires; peut-être les payeront-ils un prix plus élevé ; peut-être subiront-ils un retard, qui les obligera eux-mêmes, s'ils sont des intermédiaires, à laisser inexécutés leurs engagements vis-à-vis de leurs propres clients. Mais ils ne sont lésés que d'une manière indirecte; ils le sont, en effet, non par la grève elle-même, mais par la fermeture des usines, laquelle est la conséquence de la grève. Jamais du reste, on n'a vu, jusqu'à présent, une action en dommages-intérêts intentée contre les provocateurs d'une grève abusive par ces victimes indirectes de la grève.

Donc une grève abusive qui éclate dans une usine d'électricité entraînera, suivant les cas, la responsabilité des fauteurs de la grève vis-à-vis de l'entrepreneur d'électricité ou vis-à-vis de certains ouvriers; mais elle n'entraînera pas leur responsabilité vis-à-vis des consommateurs d'électricité, et notamment vis-à-vis des commerçants ou industriels qui auront, faute de lumière ou faute de pouvoir mettre en œuvre leurs moteurs, manqué un bénéfice.

51. — Cependant le jugement du 9 septembre 1908 a reconnu légitime l'action en dommages-intérêts intentée contre les fauteurs de la grève, par des personnes dont le préjudice a été plus indirect encore, à savoir les artistes d'un café-concert, consommateur d'électricité, qui avait dû fermer momentanément ses portes pendant la durée de la grève. Non seulement le préjudice causé aux artistes ne provient pas directement de la grève, mais il ne provient même pas directement de ce fait, se rattachant indirectement à la grève, que l'usine, pendant son chômage forcé, a nécessairement laissé manquer d'électricité ses clients. Le rédacteur du jugement n'a pas pris la peine de se demander si, en pareil cas, le lien entre la faute et le préjudice existe. Il n'a pas songé qu'à supposer que sa solution soit juste, il faudra également accueillir la demande en dommages-intérêts formée non seulement par les entrepreneurs de cafés-concerts auxquels l'électricité a fait défaut, mais par leurs fournisseurs de boissons, par les ouvriers de ces derniers, par les cochers qui auraient ramené les spectateurs à leur domicile, et par beaucoup d'autres. Le juge de paix lui-même, sans s'en rendre

compte, montre jusqu'à quelles conséquences absurdes conduit sa théorie, lorsqu'il reproche aux fauteurs de la grève des électriciens de « bouleverser la vie économique d'une grande cité ». Tous ceux dont la vie se trouve bouleversée auront, dans sa théorie, droit à des dommages-intérêts.

52. — C'est une doctrine dangereuse, dont il aurait fallu en tout cas accepter expressément toutes les conséquences, et qu'il aurait été bon d'appuyer sur des bases solides. Plus une question est nouvelle, plus il importe de la résoudre autrement que par des formules et des affirmations; plus les conséquences d'une théorie sont graves, plus il est désirable que cette théorie soit appuyée sur des bases solides. Si l'on songe que, par une des plus extraordinaires singularités de notre procédure civile, les décisions des juges de paix ne sont pas sujettes à cassation pour violation de la loi; que le droit accordé aux juges de paix de violer légalement la loi date d'une époque où ils étaient exclusivement envisagés comme des conciliateurs et n'avaient, ni par leur rôle ni par la manière dont ils étaient recrutés, le caractère de juges ; que, la cause ayant disparu, l'effet est malheureusement resté et restera longtemps encore; on regrettera sans doute que, par la publicité qui lui a été donnée, le jugement du 9 septembre 1908 représente, vis-à-vis du public, l'opinion de la jurisprudence sur le caractère illicite de la grève, sur l'abus du droit, sur l'étendue de la responsabilité civile.

ALBERT WAHL.

BIBLIOTHÈQUE NATIONALE RF IMPRIMÉS

5e ANNEE 1909

REVUE
DE
DROIT INTERNATIONAL PRIVÉ
ET DE
DROIT PÉNAL INTERNATIONAL

FONDÉE PAR
A. DARRAS
RÉDIGÉE PAR
A. de LAPRADELLE
PROFESSEUR AGRÉGÉ A LA FACULTÉ DE DROIT DE PARIS
ASSOCIÉ DE L'INSTITUT DE DROIT INTERNATIONAL

SOUS LE PATRONAGE DE MM.

A. LAINÉ
Professeur à la Faculté
de droit de Paris

A. WEISS
Professeur à la Faculté
de droit de Paris

A. PILLET
Professeur à la Faculté
de droit de Paris

De BŒCK
Professeur à la Faculté
de droit de Bordeaux

E. AUDINET
Professeur à la Faculté
de droit d'Aix

E. BARTIN
Professeur à la Faculté
de droit de Paris

et avec la collaboration de jurisconsultes, magistrats et professeurs, français et étrangers

Secrétaire de la rédaction : **P. GOULÉ,** Docteur en droit, ancien magistrat

Abonnement annuel
France................. **20** francs. — Étranger................... **22** fr. **50**
L'année terminée se vend............................ **22** francs.

PRIME A NOS ABONNÉS

L'Année
Législative & Judiciaire

Agenda-Répertoire pour 1909
Par A. CARPENTIER
Prix : br. **2** fr. au lieu de **2** fr. **80**, net ; — cart. **2** fr. **50** au lieu de **3** fr. **25**, net.

VIENT DE PARAITRE :

MANUEL PRATIQUE
DES CONSEILS DE PRUD'HOMMES
LOI DU 27 MARS 1907
Par Gaston CLUZEL
Docteur en droit
1 volume in-18 de 270 pages. Prix : broché, **3** fr. **50** ; cartonné, **4** fr. **25**.

Le Gérant : L. LAROSE.

BAR-LE-DUC. — IMPRIMERIE CONTANT-LAGUERRE

www.ingramcontent.com/pod-product-compliance
Ingram Content Group UK Ltd.
Pitfield, Milton Keynes, MK11 3LW, UK
UKHW020408220726
13923UKWH00004B/1810